Un Café Contigo

10 Preguntas a los 10 Conflictos Físicos, Mentales y Emocionales que más Enfrentamos las Mujeres

Dora Pancardo

@dorapancardo

dorapancardo.com

Copyright © 2024 Dora Pancardo

Todos los derechos reservados.

DEDICATORIA

A Memo y Julieta, por ser el centro de mi corazón.

A las mujeres con quienes he trabajado durante más de una década. Mi gratitud por ser mis grandes maestras y la inspiración principal de este libro.

CONTENIDO

	Agradecimientos	i
	Bienvenida	1
	Cómo usar este libro	3
1	**Conflictos del Área Física**	5
	Introducción	7
	1) *Cuerpo en equilibrio*	9
	2) *Veo a mi cuerpo desde el amor*	17
	3) *Mi energía vital*	25
2	**Conflictos del Área Emocional**	31
	Introducción	33
	4) *Mis relaciones, mi espejo*	35
	5) *Me conozco al sentir*	43
	6) *Apego*	51
	7) *Cuando nada es suficiente*	59
3	**Conflictos del Área Mental**	67
	Introducción	69
	8) *Estrés*	71
	9) *Posponer lo que deseo*	79
	10) *Propósito de vida*	87
4	**Recursos**	93
5	**Acerca de Dora Pancardo**	97

AGRADECIMIENTOS

A las muchas guías de mi camino que se han presentado en forma de personas, ideas, oportunidades, palabras y proyectos. A quienes han creído en mí aun cuando yo misma no lo he hecho. A la energía que corre por mis venas y a la inspiración divina que puso en mi mente este libro.
Gracias, gracias, gracias.

BIENVENIDA

Este libro está diseñado especialmente para ti, desde mi experiencia acompañando a las mujeres por más de una década. Durante este tiempo, he visto cómo **los conflictos por los que todas pasamos suelen ser muy parecidos**: con diferente escala, con diferentes contextos, con diferentes interpretaciones, dependiendo de quién los vive, pero siempre muy similares.

Por eso, he decidido reunir los **diez conflictos que más he visto y trabajado** en sesiones de biodescodificación, conferencias, retiros y círculos con mujeres, con el objetivo de que tengas una charla honesta y profunda contigo misma, que te tomes ese café pendiente con la mujer del espejo y tengas a la mano **diez preguntas por cada conflicto** que te ayudarán a mirar, enfrentar, aceptar y/o comenzar a resolver eso que te da vueltas la cabeza.

Sobre mi herramienta, la Biodescodificación.

Las preguntas que encontrarás en cada uno de los conflictos están basadas en la biodescodificación, la cual es un método o terapia alternativa que tiene como base varias áreas del conocimiento como la psicología, la psiconeuroinmunología, la medicina y la epigenética, entre otras.

Algunos de los objetivos de la biodescodificación son:

1. Encontrar el origen emocional de los conflictos físicos, mentales o emocionales de las personas, es decir, la raíz.

2. Mirar a la persona como un ser holístico: cuerpo, mente, espíritu. Mirarle y tratarte como a un todo que nunca está separado.

3. Apoyar a que las personas miren sus conflictos desde otro lugar, con una interpretación diferente que les sea más conveniente, amorosa y compasiva.

4. Ayudar a que las personas puedan vivir desde el amor y no desde el miedo, con más consciencia, responsabilidad y atención en el presente.

5. Descubrir los patrones inconscientes y las creencias limitantes que una persona sostiene y por las cuales entra en conflicto en cualquier área de su vida.

En mi experiencia, la biodescodificación no sólo ha sido una herramienta con la que he acompañado a cientos de mujeres, sino también una de las principales maneras en las que yo misma me he descubierto y observado para realizar cambios importantes en mi vida. Todos positivos, todos retadores.

Después de años siendo acompañante en biodescodificación, es un placer compartirte una pequeña parte de lo que he aprendido en este libro. **Las preguntas que encontrarás aquí están basadas en mis sesiones con mujeres de todo el mundo,** y en los conflictos más comunes que he encontrado trabajando con ellas (y conmigo, por supuesto).

Te invito a que tú también te descubras a través de estas preguntas. Si tienes dudas sobre la biodescodificación, ve a mi web **dorapancardo.com,** contáctame y platiquemos.

¿Ya tienes tu café listo? Entonces ¡comenzamos!

CÓMO USAR ESTE LIBRO

En este libro, encontrarás cuatro secciones. Las tres primeras concentran los diez conflictos y sus preguntas correspondientes, divididos por áreas: **física, mental o emocional.** La cuarta sección está destinada a que encuentres recursos gratuitos, que te pueden acompañar en el camino después de terminar de responder las preguntas.

Los conflictos no tienen una secuencia. Es decir, puedes escoger el área y el conflicto en el que necesites trabajar sin necesidad de ir de uno en uno. Enfócate en el que sea más importante para ti y concéntrate en responder las preguntas que le corresponden con conciencia antes de pasar al siguiente.

Este proceso no tiene prisa; es un espacio seguro para que te conozcas un poco más y te observes ¡es una cita contigo!

Te recomiendo tener una libreta o cuaderno y una pluma a la mano, pues, aunque en cada pregunta encontrarás espacio para responder, puede ser que en algunas necesites ahondar más o te sientas más conectada para escribir.

Cada conflicto y pregunta está diseñado para ayudarte a explorar tus pensamientos, sentimientos e ir profundo, así que **prepárate un café**, encuentra un lugar tranquilo, reproduce tu música favorita y bríndate este espacio reparador.

Si necesitas ayuda, te espero en mi web **dorapancardo.com** o también puedes mandarme un mensaje privado en **Instagram: @dorapancardo** y con gusto estaré ahí para ayudarte.

1) Conflictos del
Área Física

UN CAFÉ CONTIGO

CONFLICTOS CON TU CUERPO

INTRODUCCIÓN

¡Tu cuerpo! Ese vehículo perfecto con el que experimentas la vida ¿Cuánto lo juzgas, lo comparas, lo llevas al extremo para que se vea de tal o cual forma, o para que la báscula marque un número "x"?

Los conflictos con el cuerpo incluyen generalmente **inseguridad, frustración, enfermedad o síntomas que no desaparecen.**

En resumen: sentirte incorrecta en tu propia piel o que tu cuerpo está en tu contra.

En mis sesiones de biodescodificación, el acercamiento con el que miramos al cuerpo siempre es desde el AMOR; para apreciar lo increíble que es, lo mucho que ha hecho -hace y hará por ti-, y permitirle entrar en equilibrio a través de la toma de consciencia, la aceptación y la compasión.

Querida, un cuerpo en alerta, en dietas extremas constantes, en crítica cotidiana, no sólo no adelgaza (si eso es lo que buscas), sino que NO SANA (y eso es lo más importante de tener un cuerpo ¿no crees? que esté SANO).

¿Piensas en salud y bienestar? Comienza por agradecer tu cuerpo. Puedes repetirte a diario o cada vez que sientas que tu cuerpo es incorrecto o falla: *"Qué bonito es tener un cuerpo"*, y darte un abrazo compasivo, como si abrazaras a la persona que más amas.

Quiero decirte que **tu cuerpo NUNCA ESTÁ EN TU CONTRA**. Aunque en este momento te encuentres atravesando por un síntoma o enfermedad. Tu cuerpo siempre está tratando de llevarte al equilibrio, ese es su trabajo: ayudarte. Es momento que tú también le ayudes. Te invito a seguir leyendo y responder desde el amor esta primera sección.

CONFLICTO NÚMERO UNO

CUERPO EN EQUILIBRIO

"TENGO UNA ENFERMEDAD O SÍNTOMA QUE NO DESAPARECE. SIENTO QUE MI CUERPO NO SANA Y QUIERO ENCONTRAR RESPUESTAS".

1. ¿Desde hace cuánto tiempo tienes esta enfermedad o síntoma?

   _____
   _____
   _____
   _____
   _____
   _____
   _____
   _____

2. ¿Hay algún evento o situación particular que esté vinculada con este síntoma/enfermedad? Es decir, que coincida con el momento en el que te diagnosticaron o comenzó el síntoma. Si es así, anótalo con detalle.

_____
_____
_____
_____
_____
_____
_____

3. ¿Hay alguna(s) persona(s) que percibas que es/son total o parcialmente responsable(s) de que te sientas así? *Ejemplos*: alguien que te hizo o te hace pasar momentos desagradables o te haya metido en problemas, que te haya traicionado, que consideres una carga para ti, etcétera.

_____
_____
_____
_____
_____
_____
_____

4. Si respondiste **SÍ** a la pregunta anterior ¿cuál es el motivo por el que permaneces cerca de esa(s) persona(s)? ¿Qué ganancia secundaria hay en seguir manteniendo esa relación?

_____
_____

5. ¿Consideras que tienes cierta responsabilidad en esta enfermedad/síntoma? Me refiero a si tú crees o consideras que algo que decidiste o sigues eligiendo, te ha llevado a permanecer con el síntoma o enfermedad:

6. Además de seguir tu tratamiento médico ¿has buscado otros caminos para sanar? *Por ejemplo*: terapias alternativas, meditación, ejercicio, alejarte de ambientes/personas tóxicas, mejorar tu alimentación, etcétera. Enlístalo:

7. Cierra los ojos y visualiza tu cuerpo; o bien, párate frente a un espejo y obsérvate con atención. Ahora, escribe todo lo que sientas al mirarlo sin ningún filtro, tal como surja. Permite que todas las emociones fluyan y no las juzgues, sólo observa.

8. ¿Hay alguna ganancia secundaria que obtengas con esta enfermedad/síntoma? *Ejemplos*: recibir más atención de alguien, que las personas hagan lo que tú quieres, descansar porque siempre estás de prisa y sirviendo a otras personas, obtener recursos, dinero, etcétera. Sé muy reflexiva al respecto.

9. De hoy en adelante, te invito a permanecer todos los días unos minutos mirándote al espejo para decirte: *"tú eres mi cuerpo, te honro, te celebro, te amo y te doy permiso de regresar al equilibrio. Gracias, hecho está"*. Es una afirmación pequeña, pero poderosa si la practicas diariamente. Puedes escribir a continuación lo que sientes al pronunciarla:

_____
_____
_____
_____
_____
_____
_____

10. ¿Qué te ha enseñado tu enfermedad/síntoma? Si tuvieras que verla como una maestra ¿qué sería eso que deja en ti, de manera positiva?

_____
_____
_____
_____
_____
_____
_____

PARA REFLEXIONAR

- ✓ **La enfermedad NO ES un castigo**, sino la forma en la que tu cuerpo ha canalizado los conflictos sin resolver. Deja de culparte, aprende y trátate con más amabilidad y compasión. Sí, aunque te cueste. El cambio consiste en la práctica y la repetición.

- ✓ **Las enfermedades o síntomas son la forma en la que el cuerpo hace su trabajo para regresar al EQUILIBRIO.** Sé que quieres que pase rápido, pero estás en un proceso; haz lo que esté en tus manos y, sobre todo, deja de culparte y culpar a tu vehículo de vida.

- ✓ **Muchas personas enferman porque están SOBRE ESTIMULADAS**: demasiado estrés, preocupaciones, exigencias, gente, mensajes de redes sociales, etcétera. Hoy te invito a revisar si tu cuerpo ha enfermado para poder darte el DESCANSO que tú no le brindas de forma natural.

- ✓ Otras personas toman la enfermedad o sus síntomas (de manera inconsciente) como un **ancla para tener atención o poder** sobre otras personas. Reflexiona y date cuenta que no necesitas la enfermedad para obtener nada de los demás. Ya eres suficiente.

- ✓ **No eres solamente un cuerpo.** Para sanar, necesitas ocuparte TAMBIÉN de tus emociones, de tu mente, de tu espíritu; es decir, de aquello que no se ve, pero que tiene influencia directa en ti.

- ✓ Para ayuda extra, busca en Spotify el **episodio #206** de mi podcast **"Empodérate Mujer"**, que se titula: **"La Enfermedad como Maestra"**.

CONFLICTO NÚMERO DOS

VEO A MI CUERPO DESDE EL AMOR

"ME SIENTO INCAPAZ DE SEGUIR UN PLAN DE EJERCICIO FÍSICO Y ALIMENTACIÓN SALUDABLE. ME AUTOSABOTEO CONSTANTEMENTE".

1. ¿Cuál es el primer recuerdo que tienes de sentirte "incorrecta" o inconforme con tu cuerpo? Descríbelo a detalle.

_____
_____
_____
_____
_____
_____
_____
_____

2. ¿Cuál era el acercamiento o la interpretación que tenían sobre la comida en tu hogar cuando eras niña? Revisa y recuerda si había dietas o restricciones, alguna persona obsesionada con la alimentación o la estética del cuerpo, comidas etiquetadas como "buenas" y "malas", etcétera.

_____
_____
_____
_____
_____
_____
_____

3. ¿Sufriste alguna carencia de alimento, afecto, cercanía o te sentiste rechazada por alguien para ti importante, mientras crecías? ¿Consideras que la comida pudo haber sido un consuelo o escape, ante esa carencia de protección y/o de alimento real o simbólico?

_____
_____
_____
_____
_____
_____
_____

4. ¿Qué significa para ti tener el peso o la talla que ahora tienes? ¿Qué hay de malo/bueno en ello, según tu percepción?

_____
_____
_____
_____
_____
_____
_____

5. ¿Qué significa para ti llegar a la talla o peso saludables, según los estándares? ¿Qué tendrías en tu vida que ahora no tienes?

_____
_____
_____
_____
_____
_____
_____

6. ¿Cuándo fue la última vez que te sentiste contenta con tu cuerpo? ¿Qué estaba pasando en ese momento en tu vida y qué estabas haciendo diferente a lo que haces hoy? Eso que hacías ¿consideras que era sano para ti, tu mente y tu estado físico, o sólo te hacía lucir bien?

_____
_____
_____
_____

7. ¿Qué representa para ti el ejercicio físico? ¿Es gozo o sufrimiento? Describe por qué es así.

8. ¿Hay algún recuerdo que tengas sobre hacer ejercicio o moverte físicamente, que esté relacionado con la burla, vergüenza, enojo, frustración o tristeza? Descríbelo a detalle.

9. Si moverte físicamente fuera fácil y gozoso ¿qué actividad elegirías y por qué?

10. ¿Qué significa para ti la comida? Describe si la usas para calmar tu ansiedad o enojo, así como para "felicitarte" por algún logro, etcétera ¿Con qué eventos o sentimientos relacionas el hecho de comer?

PREGUNTA BONUS:

11. ¿PARA QUÉ quieres ser una adulta que se mueve y que puede decidir alimentarse sanamente, más allá de la talla o el peso? Describe cómo te visualizas siendo esa mujer que se cuida y lo que quieres vivir en tu presente y futuro siendo una persona más sana.

_____
_____
_____
_____
_____
_____
_____
_____
_____

PARA REFLEXIONAR

- ✓ **Comer es comer y es un acto biológico necesario y natural para todos los seres humanos.** Ver a la comida como "amiga" o "enemiga" sólo te lleva a evaluarte como "buena" o "mala" de acuerdo a lo que comes. Ni te "portas bien" por comerte una zanahoria, ni te "portas mal" por comer una rebanada de pastel.

- ✓ Cuando le quitas las cargas a la comida, puedes **decidir desde un lugar más amoroso para ti**; donde tus elecciones se basan en cómo quieres sentirte, no en el número de la báscula o la talla de tus jeans.

- ✓ Si el acto de alimentarte está basado en tu historia o en tus miedos por ser "incorrecta", regresa a ti y al PRESENTE. **No necesitas ya identificarte con lo que fue o con lo que alguien dijo,** eso ya no es tuyo a menos que sigas trayéndolo a tu día a día y lo sigas creyendo como verdad.

- ✓ **Moverte es vida, es salud, es longevidad, es meditación ¡es terapia!** Pero necesitas COMPROMISO para que lo sientas así. Nadie construye un hábito en un día, así que sé COMPASIVA contigo y con el proceso. Hazlo despacio, pero constante. Sé que no lo sentirás natural al principio, pero recuerda: un hábito se construye a base de la repetición.

- ✓ Para ayuda extra, busca en Spotify el **episodio #198** de mi podcast "Empodérate Mujer", que se titula: **"¿Cómo cambiar tus hábitos? (la guía completa)"**.

UN CAFÉ CONTIGO

CONFLICTO NÚMERO TRES

MI ENERGÍA VITAL

"NO TENGO ENERGÍA DURANTE EL DÍA, ME SIENTO CANSADA Y AUNQUE DESCANSE VARIAS HORAS, ME SIENTO AGOTADA FÍSICA Y EMOCIONALMENTE".

1. Califica del 1 al 10 tu nivel de energía durante los diferentes momentos del día (donde 10 es el máximo nivel de energía y 1, el mínimo):

   - *MAÑANA (hasta las 12:00 hrs):* _____
   - *TARDE (de las 12:00 a las 6:00 pm):* _____
   - *NOCHE (desde las 6:00 pm hasta que te acuestas):* _____

2. Si hay variaciones importantes en tus niveles de energía de acuerdo al momento del día, responde ¿qué pasa o qué haces durante el periodo donde tienes más energía, y qué pasa, o haces, durante el periodo en que tienes menos?

   _____
   _____
   _____
   _____

3. ¿Qué personas, proyectos, situaciones, etcétera, consideras que son FUENTE de energía positiva en tu vida diaria?

4. ¿Qué personas, proyectos, situaciones, entre otros, consideras que son DRENAJES de energía en tu vida diaria?

5. ¿Qué es lo primero que haces al despertar y lo último que haces al acostarte? Por ejemplo: mirar el celular, meditar, ir con prisa, etcétera.

6. ¿Consideras que tus hábitos y rutina diarias afectan tus niveles de energía? Sí/No ¿por qué?

7. De acuerdo a tus respuestas anteriores ¿qué cambio pequeño, pero retador, podrías implementar mañana mismo para aumentar y/o mantener tus niveles de energía?

8. ¿A qué personas, situaciones, proyectos o creencias sería bueno alejar de tu vida para mantener tu energía vital?

9. Lee las siguientes afirmaciones y subraya aquella con la cual te sientes más identificada la mayor parte del tiempo:

A. *Mi vida es estresante y nada de lo que pasa está en mis manos.*
B. *Mi vida está llena de cambios, voy remando contra la corriente.*
C. *Mi vida tiene retos, he sido y soy capaz de sobrellevarlos.*

10. De acuerdo a tu respuesta anterior ¿consideras que la interpretación que haces de tu vida es sana y conveniente para ti? Si no es así ¿qué es lo que te mantiene sosteniendo esa forma de vivir?

PARA REFLEXIONAR

- ✓ **Tu energía, aunque es invisible para ti, es la fuerza que rige tu vida**, la que te permite hacer cosas, sentirte con ánimos o sin ellos para afrontar tu camino de vida.

- ✓ **Todo lo que entra a tu sistema (mente, cuerpo, espíritu) te nutre o no, dependiendo de la calidad de eso que ingresa.** Haz una reflexión profunda sobre si todo aquello que entra por tus cinco sentidos realmente suma para ti o, por el contrario, te debilita.

- ✓ **Si hay algo o alguien que sientas que drena tu energía ¡ALÉJATE!** Siempre tienes el derecho de elegir lo que quieres cerca. Si por alguna razón no puedes alejarte en este momento, crea una barrera de protección emocional, es decir, NO TOMES COMO PERSONAL eso que la persona hace o dice. No es tuyo, no tiene que ver contigo, sino con ella. Puedes considerar hacer un plan para alejarte de ese entorno lo más pronto posible.

- ✓ Así como te proteges de lo que no suma, también **acércate y rodéate de personas, situaciones y proyectos que te lleven a gozar**, reír, agradecer y sentir la energía de la vida dentro de ti.

- ✓ **Otra forma hermosa de recargarte de energía, es dar un paseo por la naturaleza** cada vez que te sea posible y/o abrazar un árbol, imaginando que la tierra te protege y que a ella le entregas todo aquello que pesa.

- ✓ Para ayuda extra, busca en Spotify el **episodio #8** de mi podcast "**Empodérate Mujer**", que se titula: "**5 Formas de cuidar (y aumentar) tu energía**".

UN CAFÉ CONTIGO

2) Conflictos del Área Emocional

UN CAFÉ CONTIGO

CONFLICTOS CON TUS EMOCIONES

INTRODUCCIÓN

"Los niños no lloran".
"Las niñas bonitas no se comportan así".
"Mira qué fea te ves llorando".
"¡No te enojes! No es para tanto".

¿Resuena contigo o recuerdas a alguien decirte alguna de estas frases mientras crecías o incluso en tu edad adulta?

Las emociones, a pesar de que están "de moda" últimamente, han sido reprimidas y escondidas para que las demás personas no se den cuenta de lo que sientes: si estás enojada, triste, frustrada, etcétera.

Tú y yo sabemos que las mujeres somos un mar de emociones que poca calma tiene. Sin embargo, como hemos estado destinadas a ocultarlas, vamos navegando por la vida con bandera de "todo está bien" para llegar a puertos que no nos convienen: en relaciones desiguales, sin poder hablar, decidir o gritar, si es necesario. Porque... ¿quién quiere a una mujer *taaaan intensaaa*?

Así que el objetivo de este apartado es que te tomes ese café contigo para **reflexionar sobre eso que sientes, eso que callas, eso que no le dices a nadie**. Haz espacio para reconocerte desde un lugar amoroso, donde las emociones no son tus enemigas, sino tus más grandes **maestras**.

Es momento de seguir quitándote la máscara. Sigue leyendo y responde desde el amor.

UN CAFÉ CONTIGO

CONFLICTO NÚMERO CUATRO

MIS RELACIONES, MI ESPEJO

"SIEMPRE SE REPITE EL MISMO PATRÓN EN MI VIDA. NO SÉ CÓMO ROMPER EL CICLO PARA CONSTRUIR RELACIONES AMOROSAS Y EQUILIBRADAS".

1. ¿Cuál es ese patrón que se repite en tus relaciones? Describe todo lo que sucede, cómo se gesta y cómo lo has ido descubriendo, así como todas esas relaciones donde se ha repetido.

   _____
   _____
   _____
   _____
   _____
   _____
   _____
   _____

2. ¿Cómo inicia ese patrón? ¿Cuáles son las *red flags* o señales de peligro que aparecen al principio, pero que identificas hasta después?

3. ¿Qué has hecho tú, al darte cuenta del patrón? ¿Sigues con la relación? ¿La detienes? ¿Te alejas? ¿La terminas y buscas otra inmediatamente?

4. Lee de nuevo tus respuestas anteriores y luego responde ¿cuál consideras que es tu **responsabilidad** en este patrón repetitivo? ¿Cuáles son los comportamientos, actitudes o pensamientos que TÚ TAMBIÉN repites?

5. Mientras crecías ¿observaste un patrón similar en tu entorno cercano? ¿Qué situaciones o personas de tu historia de vida consideras que pueden estar relacionadas a este patrón que ahora observas en ti?

6. ¿Cómo te comportas en tus relaciones? ¿Eres de las personas que "entrega todo" y espera recibir lo mismo a cambio?

7. ¿Eres tú misma la persona que estás deseando? Es decir ¿consideras que te has convertido en eso que buscas en una relación?

_____
_____
_____
_____
_____
_____
_____

8. Del 1 al 10 (donde 10 es la máxima calificación y 1, la mínima) ¿cómo consideras que es la relación que tienes CONTIGO MISMA? Justifica tu respuesta.

_____
_____
_____
_____
_____
_____
_____

9. Mira la tabla de la siguiente página. En la primera columna vas a escribir todo aquello que PIDES en una relación personal (de pareja, amistad, familiar, etcétera) y en la segunda columna, anotarás todo aquello que DAS en una relación. Al final, revisa si eso que pides y eso que das se encuentra en equilibrio ¿Estás dando de más o pidiendo de más? ¿Qué te dicen tus respuestas?

PIDO EN UNA RELACIÓN	DOY EN UNA RELACIÓN

UN CAFÉ CONTIGO

PARA REFLEXIONAR

✓ **Las relaciones personales son un reto** en este plano físico, y esto es así porque todos y todas nos encontramos aprendiendo de nuestro propio proceso evolutivo.

✓ **Tus relaciones personales TAMBIÉN son tus CREACIONES y tus grandes MAESTRAS.** Observa tus cinco relaciones más cercanas y, de forma honesta, reflexiona sobre lo que reflejan de ti misma.

✓ **Para tener relaciones amorosas y equilibradas, tú misma debes ser una persona amorosa y equilibrada**, pues llegan a tu vida las personas precisas que reflejan tu estado de vibración y nivel de conciencia ¡Tú te construyes primero y luego llegan a ti las personas que están en sintonía contigo!

✓ Hay personas que dan todo en una relación y terminan sintiéndose frustradas, tristes y enojadas cuando sienten que la otra parte no dio lo mismo. **Nadie te pide que lo des todo, lo das porque tienes miedo**; pero si esperas a que la relación crezca y se fortalezca, tú misma te darás cuenta si hay equilibrio, antes de terminar desgastada y frustrada.

✓ **Abraza el conflicto y la humanidad de las otras personas.** No esperes perfección ni cuentos de hadas. Las relaciones verdaderas aceptan y abrazan la imperfección, el conflicto y los desacuerdos, pues son parte de la vida misma.

✓ Para ayuda extra, busca en Spotify el **episodio #207** de mi podcast **"Empodérate Mujer"**, que se titula: **"6 Formas de trabajar el desapego"**.

UN CAFÉ CONTIGO

CONFLICTO NÚMERO CINCO

ME CONOZCO AL SENTIR

"NO SÉ GESTIONAR MIS EMOCIONES. ME ENOJO, ME ENTRISTEZCO O ME FRUSTRO CON RAPIDEZ. PADEZCO DE ANSIEDAD Y MIEDO CONSTANTEMENTE".

1. Cierra los ojos un momento y visualiza frente a ti todo aquello que te hace "salir de tus casillas", que te frustra, enoja o entristece constantemente. Después, anótalo en el orden que surja, sin censura.

   _____
   _____
   _____
   _____
   _____
   _____
   _____
   _____

2. ¿Qué es lo que haces cuando sientes estas emociones? ¿Las escondes, las canalizas, las hablas, las conviertes en algo o simplemente te has acostumbrado a sentirte de esta manera?

_____
_____
_____
_____
_____
_____
_____

3. ¿Alguna vez has intentado hacer algo diferente con respecto a la gestión de tus emociones? Si es así ¿qué has hecho y qué resultados has obtenido?

_____
_____
_____
_____
_____
_____
_____

4. ¿De quién(es) aprendiste tu gestión emocional? ¿Qué importancia se le otorgaba a las emociones y su expresión en tu familia, y/o en el ambiente en el que te criaste?

_____
_____
_____

5. ¿Sabías que la tristeza y depresión se relacionan con vivir en exceso de pasado y la ansiedad con vivir en exceso de futuro? Desde este punto de vista ¿dónde crees que tú pasas más tiempo? ¿Viviendo y recordando el pasado o preocupándote por el futuro y queriendo controlarlo?

6. El miedo es una emoción natural que te protege y te manda alertas, sin embargo, llevado al límite se convierte en un obstáculo que te paraliza. Haz una lista a continuación de TODOS TUS MIEDOS y, al lado de cada uno, marca con una "X" si es un miedo que te paraliza y te ha detenido para hacer, lograr o intentar lo que deseas.

7. Una vez realizada la lista anterior, lee cada miedo que resultó ser paralizante en voz alta y pregúntate ¿es un HECHO que va a pasar eso que temo o es una HISTORIA que me he contado en mi cabeza o que he copiado y/o creído de alguien más?

8. Haz una lista de todas las experiencias y sensaciones que te pierdes en tu momento PRESENTE por estar viviendo con exceso de miedo, o bien, por vivir en el pasado o en el futuro.

9. Describe todas aquellas actividades que te dan calma y te devuelven al presente. *Ejemplos*: meditar, hacer ejercicio, leer, abrazar a tus seres queridos, estar en contacto con la naturaleza, crear algo, cocinar, bailar, etcétera. Luego, comprométete a realizar una de estas actividades al menos dos o tres veces por semana y observa qué sucede con tu estado emocional.

10. La próxima vez que algo o alguien "te saque de tus casillas", regresa a ti y ELIGE qué quieres hacer de manera CONSCIENTE; con el tiempo, eso te ayudará a dejar de vivir tus emociones desde el piloto automático. Describe aquí cómo te visualizas haciendo este cambio. ¿Qué palabras usarías? ¿Cómo te podrías calmar a ti misma?

UN CAFÉ CONTIGO

PARA REFLEXIONAR

✓ **Las emociones no son "buenas" ni "malas", simplemente SON.** Y mirarlas desde la neutralidad te permite gestionarlas mejor (no controlarlas ni esconderlas) para decidir cómo quieres canalizarlas.

✓ **El que creas que no puedes controlar tus emociones es producto de querer esconderlas o de lo que te enseñaron mientras crecías.** Les tienes miedo porque no te permites sentirlas y observarlas, sino que al momento que llegan, te inundan y te sientes inhabilitada para afrontarlas. Hazles espacio, siéntelas (que para eso son) revisa qué información tienen para ti y decide desde el amor qué hacer con ellas.

✓ **Tus emociones son tu RESPONSABILIDAD.** Nadie tiene el poder de "hacerte enojar" o de "hacerte sentir mal". Es verdad que hay personas que tampoco se saben gestionar o que desean tomar ventaja de ti, pero nada puede pasar a tu campo si tú no se lo permites.

✓ **No hay nada que puedas arreglar en el pasado; tampoco hay nada que puedas adelantar tanto que controle tu futuro.** Así que te invito a GOZAR y AGRADECER este preciso momento, esta edad que tienes, este cuerpo que posees, pues es todo lo que hay.

✓ Para ayuda extra, busca en Spotify el **episodio #115** de mi podcast "**Empodérate Mujer**", que se titula: "**¿Accionas o reaccionas?**".

UN CAFÉ CONTIGO

CONFLICTO NÚMERO SEIS

APEGO

"ME SIENTO INCAPAZ DE SOLTAR Y DEJAR IR A LAS PERSONAS, LAS SITUACIONES O LOS PROYECTOS. ME AFERRO Y ME ES MUY COMPLICADO ACEPTAR EL CAMBIO".

1. ¿Qué persona, situación o proyecto es el más reciente que te ha costado soltar o dejar ir? Descríbelo a detalle.

   _____
   _____
   _____
   _____
   _____
   _____
   _____
   _____

2. ¿Qué emociones predominan en ti cuando se trata de soltar? ¿A qué le tienes miedo? *Ejemplos:* miedo a la soledad, a ser rechazada, a no volver a tener eso que sueltas, a no ser suficiente para una nueva pareja/trabajo, a perder tu estilo de vida o poder económico o social, etcétera.

_____
_____
_____
_____
_____
_____
_____
_____

3. ¿Hay alguna historia en tu pasado donde viviste el hecho de soltar como algo terrible o que te quitó algo valioso? Pudo haber sido con tus padres, criadores, etcétera. Te invito a remontarte principalmente a tu infancia y describirla a detalle.

_____
_____
_____
_____
_____
_____
_____
_____

4. Si existe una historia relacionada a la resistencia al cambio y a soltar en tu pasado ¿cómo la viviste? ¿Tuviste soporte emocional o acompañamiento? ¿Consideras que tuvo un impacto tal que sigue siendo difícil de manejar o superar en el presente?

_____
_____
_____
_____
_____
_____
_____

5. ¿Te das cuenta que lo que sucedió antes no tiene por qué definir tu presente y/o futuro? ¿Qué te dirías a ti misma con respecto a eso para darte tranquilidad y regresar al AQUÍ y AHORA?

_____
_____
_____
_____
_____
_____
_____

6. Imagina que sueltas y dejas ir eso que es tan complicado ahora para ti ¿Qué es lo peor que podría pasar? ¿Es realmente tan catastrófico en tu vida o algo imposible de solucionar? Describe lo que crees que pasaría.

_____
_____

_____

_____

_____

_____

_____

_____

7. Para soltar, necesitas una red de apoyo y herramientas para regresar a ti. Por favor, haz una lista de todas las personas que forman parte de tu red de ayuda y de todas las herramientas que tienes en tus manos. *Ejemplos*: padres, amig@s, familiares, cursos, meditaciones, libros, aprendizajes de experiencias anteriores, etcétera.

_____

_____

_____

_____

_____

_____

_____

8. ¿Cómo mejoraría tu vida si decidieras soltar? ¿Qué nuevas posibilidades se abrirían? ¿Qué harías, que hoy no es posible o que percibes como "muy complicado"?

_____

_____

_____

_____

_____

_____

9. ¿Qué pequeña decisión podrías tomar los siguientes tres días para dar un primer paso hacia soltar y dejar ir? Puede ser crear un plan con una fecha determinada de inicio, comenzar a construir un ahorro, pedir apoyo de tu red, poner un límite, dejar un espacio físico, etcétera.

10. Haz el ejercicio de mirar el cambio como algo muy positivo en tu vida y, desde ahí, responde ¿cómo imaginas un día de tu vida si no estuvieras atada emocional y/o físicamente a eso que ahora no dejas ir?

UN CAFÉ CONTIGO

PARA REFLEXIONAR

- ✓ **Tu historia siempre está ligada a tu presente.** Si viviste una situación donde soltar y dejar ir fue difícil o algo que cambió radicalmente tu vida, es natural que ahora sientas que no puedes hacerlo. Es importante que consideres REDEFINIR tu presente, dejando de identificarte con un pasado que YA NO ES y que ya no suma en tu camino de vida actual.

- ✓ Sólo estás aquí por un breve momento, por lo tanto, **soltar lo que pesa te libera** para vivir más amorosa y convenientemente.

- ✓ **Cuando sueltas, haces espacio.** Energéticamente, nada nuevo puede llegar cuando el lugar está aún ocupado por algo o alguien. Si quieres que lo nuevo llegue y permanezca, tendrás que soltar lo que ya no suma.

- ✓ **No estás atada a nada ni a nadie.** Busca posibilidades, investiga cómo lo han hecho otras personas en tu situación o encuentra a alguien que te acompañe en el proceso de cambio. Me puedes contactar a mí (en mi web **dorapancardo.com** encuentras cómo hacerlo) o puedes escoger al profesional que prefieras. Date cuenta que no estás sola y que el universo que te sostiene está dispuesto a brindarte millones de posibilidades.

- ✓ **Soltar implica dolor; es un proceso que no es simple y que no se trasciende de un día para otro.** Si necesitas acompañamiento, puedes también revisar mi curso online "**REINÍCIATE**", donde te muestro el paso a paso para los nuevos comienzos y cambios luminosos. Ve a **dorapancardo.com/curso/reiniciate** y mira ahí todos los detalles.

UN CAFÉ CONTIGO

CONFLICTO NÚMERO SIETE

CUANDO NADA ES SUFICIENTE

"SOY PERFECCIONISTA Y DEMASIADO EXIGENTE CONMIGO MISMA Y CON LOS DEMÁS. ME SIENTO INSATISFECHA Y AGOTADA".

1. ¿Cómo se manifiesta el perfeccionismo en tu vida diaria? Si pudieras enlistar cinco actividades que te mantienen en estrés por el afán de que salgan perfectas ¿cuáles serían?

   _____
   _____
   _____
   _____
   _____
   _____
   _____
   _____

2. ¿Qué es lo que no te permite delegar o pedir ayuda? ¿Qué piensas que puede pasar si solicitas apoyo o encargas tareas a alguien más?

___

3. ¿Hay algo en tu historia personal que te llevó a creer que tú tenías que hacerlo todo sola o que tenías que ser "perfecta"? Si es así ¿cuál es esa historia, hace cuánto sucedió y quiénes son las personas involucradas?

___

4. ¿Cómo reaccionas y qué sientes cuando algo no sale como tú quieres? ¿Sueles estallar con las personas? ¿Contigo? ¿Te culpas? Descríbelo a detalle.

___

5. ¿Qué te ha QUITADO el ser perfeccionista? *Ejemplos:* estar más en el presente, fluir con lo que la vida te presenta, ser más comprensiva con los demás, no permitirte recibir ayuda, etcétera.

6. ¿Qué crees que pensaría la gente cercana a ti, si un día no hicieras todo perfecto, si no te encargaras y simplemente te rindieras? ¿Qué tanto te importa lo que los demás opinan de ti?

7. Las personas perfeccionistas, en el fondo, tienen mucho miedo a ser RECHAZADAS, por eso se esfuerzan tanto en cumplir con las expectativas que los demás ponen sobre ellas ¿Consideras que esto aplica para ti? Si es así ¿cómo se manifiesta en tu vida?

_____
_____
_____
_____
_____
_____

8. ¿Qué tan agotada estás del 1 al 10 por mantener todo a la perfección? Donde 10 es el más alto nivel de agotamiento y 1, el mínimo.

_____
_____
_____
_____
_____
_____

9. ¿Qué versión construirías de ti misma, si en este momento tuvieras una varita mágica que te permitiera delegar, rendirte y equivocarte?

_____
_____
_____

10. Haz una lista de las personas que te aman tal cual eres. Luego, haz otro listado de las cosas que disfrutas hacer y en las cuales fluyes naturalmente. Date cuenta que puedes dejarte llevar y ser quién eres, pues no todo en la vida te demanda ese nivel de perfección al que te has habituado.

Listado 1: Las personas que me aman tal cual soy:

Listado 2: Las cosas o actividades en las cuales fluyo naturalmente:

UN CAFÉ CONTIGO

PARA REFLEXIONAR

✓ **El perfeccionismo es una herramienta de supervivencia.** Las personas perfeccionistas creen y sienten que, si algo falla o no sale perfecto, algo terrible podría pasar; por lo tanto, ponen todo su empeño y energía para evitar que eso suceda y tratan de controlarlo todo, quedando agotadas en el camino.

✓ Para dejar de operar en automático, es necesario que tomes consciencia de que hay **MUY POCO que puedes controlar en este mundo.** Ni siquiera tu digestión o los latidos de tu corazón son alterables por ti, entonces ¿cómo podrías controlar el mundo exterior o lo que hacen las personas? Es una fantasía.

✓ **El mundo, las responsabilidades y la competencia desmedidas te gritan al oído que NUNCA es suficiente**, que hay que hacer más, tener más, SER más. Pero ¿y si sólo te dispones a SER? No te digo que no te esfuerces, sino que regreses a ti; te pido que hagas una PAUSA para observar y sentir. Si después de eso, decides seguir corriendo, adelante, estás en todo tu derecho.

✓ Deja de ser tu juez más dura. **Hoy lo que tienes y lo que haces ES SUFICIENTE** y, créeme, también puede ser muy disfrutable si te lo permites.

✓ Para ayuda extra, busca en Spotify el **episodio #76** de mi podcast "**Empodérate Mujer**", que se titula: "**Cuando nada es suficiente**".

UN CAFÉ CONTIGO

3) Conflictos del **Área Mental**

UN CAFÉ CONTIGO

CONFLICTOS CON TU MENTE

INTRODUCCIÓN

Antes de que pienses que tener "conflictos con tu mente" significa estar loca o con un problema neurológico, respira profundo y sigue leyendo, por favor.

Los conflictos con la mente, al menos en este pequeño libro, no tienen que ver con eso, sino con la **interpretación que tú haces de lo que te pasa en la vida**, del filtro que usas para criticar, para impulsarte o sabotearte y vivir la vida desde el amor o desde el miedo.

La mente humana es vasta, diversa y poderosa. Conforme has crecido, la has ido llenando de creencias, pensamientos y patrones que tienen repercusión en cada paso que has dado en la vida. Los conflictos con la mente se refieren a esos retos que afectan tu **toma de decisiones, claridad, concentración y bienestar integral**.

Seguramente, igual que yo, muchas veces piensas que tu mente es tu enemiga en lugar de tu amiga. Pero querida, quiero decirte que eso es mentira. Tu mente (y la mía) sólo responde a lo que le has enseñado, lo que has repetido y lo que le has proclamado como verdad.

Si tu mente entonces puede funcionar como tu amiga y aliada ¿no es una buena justificación para trabajar en ella? ¡Es momento de instalarle nuevas rutas, formas de pensar y de creer!

Esta sección justo te guiará a eso. Sigue leyendo y, como siempre, responde desde el amor.

UN CAFÉ CONTIGO

CONFLICTO NÚMERO OCHO

ESTRÉS

"ME CUESTA TRABAJO DISFRUTAR, RELAJARME Y SENTIR PLACER. CREO QUE VIVO SIEMPRE ESTRESADA Y EN MODO ALERTA".

1. ¿Qué es lo que consideras más estresante en tu día a día, que te aleja de sentir placer o fluir de forma más relajada?

   _____
   _____
   _____
   _____
   _____
   _____
   _____
   _____
   _____

2. Enlista todas las personas, situaciones, proyectos o ideas que te provocan estar en modo "alerta" (entiéndase como "modo alerta" aquél que no te permite descansar o relajarte, porque siempre estás pensando que "algo puede pasar").

_____
_____
_____
_____
_____
_____

3. Si pudieras enlistar las cinco emociones que más te representan en un día cotidiano ¿cuáles serían? Recuerda que los seres humanos tenemos un catálogo emocional muy extenso, si quieres conocerlo más a profundidad, mándame un mensaje en Instagram (**@dorapancardo**) y te lo hago llegar.

_____
_____
_____
_____
_____
_____
_____

4. ¿Cómo se vería para ti un día donde pudieras disfrutar, relajarte o sentir placer? Por favor describe todo el día (qué harías, qué no harías, con quiénes compartirías, qué actividades realizarías, etcétera).

_____
_____
_____
_____
_____
_____
_____

5. ¿Qué haces en tu día a día para poder relajarte y/o darte un espacio y tiempo para ti?

_____
_____
_____
_____
_____
_____
_____

6. ¿Qué emociones o sentimientos vienen a ti cuando te relajas completamente o te permites fluir? Algunas personas, por ejemplo, sienten culpa, incertidumbre, falta de productividad, etcétera. ¿Cuáles son las tuyas?

_____
_____
_____

7. ¿Cómo fue tu infancia con respecto al gozo? ¿Se te permitía distraerte o entretenerte? ¿Fuiste una niña con obligaciones de adulta, o con un nivel de exigencia muy alto?

8. ¿Qué cambios de actitud, hábitos, pensamientos o comportamientos te gustaría adquirir, que te lleven a fluir más y a relajarte?

9. Escoge tres actividades de autocuidado, gozo y/o relajación que te gusten o llamen tu atención. Ahora revisa tu agenda ¿crees que podrías dedicar al menos 10 minutos diarios a alguna de ellas?

_____
_____
_____
_____
_____
_____
_____
_____

10. Te dejo una frase poderosa para que la grabes o la escribas en un lugar donde siempre puedas verla: *"Soy suficiente y mi esfuerzo también lo es. Tengo derecho a relajarme, al gozo y al placer. Hecho está"*.

UN CAFÉ CONTIGO

PARA REFLEXIONAR

- ✓ **El estrés no es el "malo" de tu película.** En realidad, el estrés te permite operar, levantarte, lograr cosas y proyectos; te mantiene alerta en tu día a día y lo hace a través de una hormona llamada CORTISOL, la cual es segregada por tus glándulas suprarrenales. El estrés, en niveles normales, es absolutamente natural y necesario.

- ✓ Cuando el cortisol rebasa los niveles normales y se mantiene en tu sistema de manera permanente, puede ser muy **perjudicial**, pues tu cuerpo no tiene oportunidad de regularse para volver al estado de relajación y equilibrio.

- ✓ Hay personas que por esta razón se mantienen siempre en **alerta**, que no descansan apropiadamente, que no se relajan, que parecen "pepitas en comal", sin poder quedarse quietas. Querida, eso no es ser híper productiva, es **hacerte daño de una forma que, en algunos casos, es irreversible.**

- ✓ En la sociedad actual, **vinculamos el hecho de no descansar con ser personas muy trabajadoras y exitosas**. Nada más lejos de la realidad. Si quieres equilibrio, también necesitas relajarte; si quieres paz, también necesitas gozo; si quieres prosperidad, también necesitas confiar y fluir.

- ✓ Para ayuda extra, busca en Spotify el **episodio #175** de mi podcast "**Empodérate Mujer**", que se titula: **"Cómo salir del estado de estrés permanente"**.

… UN CAFÉ CONTIGO

CONFLICTO NÚMERO NUEVE

POSPONER LO QUE DESEO

"PROCRASTINO AQUELLO QUE SE SUPONE QUE QUIERO O DESEO. SIEMPRE ME JUSTIFICO DICIENDO QUE NO TENGO TIEMPO, ESPACIO O ENERGÍA".

1. Si estás procrastinando, entonces tus prioridades están desalineadas. Bajo este precepto, te invito a que enlistes a continuación todas las cosas, personas o responsabilidades que sientes que te ALEJAN diariamente de eso que deseas.

_____
_____
_____
_____
_____
_____
_____

2. Eso que pospones ¿es algo que te motiva lo suficiente y que REALMENTE quieres hacer? ¿Te sientes presionada por alguna persona o situación para hacerlo? ¿Hay detrás una exigencia que sientes que no es tuya?

_____
_____
_____
_____
_____
_____

3. Si lo que procrastinas es algo que realmente te motiva, entonces ¿te sientes capaz de hacerlo? ¿Dudas de tu talento, conocimientos o recursos? Enlista todas las emociones y dudas que surgen al respecto.

_____
_____
_____
_____
_____
_____
_____

4. ¿Has practicado o intentado eso que deseas el suficiente tiempo para ver resultados? Hablo de al menos tres meses de forma continua. Escribe lo último que has hecho al respecto y el tiempo que le has dedicado:

_____
_____

5. ¿Qué o quiénes -si aplica- te dicen que no puedes o consideras que te detienen a que logres eso que deseas?

6. ¿Consideras que te auto saboteas? Si es así, reflexiona ¿qué ganancia secundaria te brinda procrastinar? *Ejemplos*: no salir de tu lugar seguro, que alguien se siga encargando de ti o aligere tus responsabilidades, no enfrentarte al rechazo o al "fracaso", etcétera.

7. Consideras que para lograr eso que deseas ¿es necesario el trabajo duro y el sacrificio? Sí o no y ¿por qué?

8. ¿Qué impacto tiene procrastinar en tu estado físico, mental y emocional? ¿Qué consecuencias observas en tu día a día?

9. Cierra un momento los ojos y visualízate logrando eso que pospones ¿cómo te miras y te sientes a ti misma? Escríbelo a detalle.

10. ¿Cómo podrías ubicar tus prioridades y a qué o a quién tendrías que poner límites para hacer espacio y concretar eso que deseas?

_____
_____
_____
_____
_____
_____
_____
_____

PREGUNTA BONUS

11. ¿Qué recursos, herramientas, experiencia o conocimiento YA TIENES para comenzar? Si observas, verás que NO empiezas desde cero.

_____
_____
_____
_____
_____
_____
_____
_____

PARA REFLEXIONAR

- ✓ **La procrastinación puede estar escondiendo el hecho de no hacerte cargo de ti misma.** Como estás muy ocupada, no dejas tiempo ni espacio para hacer lo que tienes que hacer. Es decir, tienes el pretexto perfecto para no mirarte y ocuparte de ti.

- ✓ Es muy importante que analices si eso que quieres no **obedece a los deseos o expectativas de alguien más.** Posiblemente estás posponiendo porque, en el fondo, NO QUIERES HACERLO, porque te sientes obligada.

- ✓ **A todas las personas nos cuesta hacer cosas nuevas o volver a intentar algo si alguna vez sentimos que "fracasamos".** Eso puede detenerte por miedo, por no sentirte capaz o suficiente. Querida, empezar tiene una cuesta hacia arriba que no puedes saltarte. Mírate con amor y mantente dispuesta a dar un pequeño paso cada día.

- ✓ **Construir un hábito y hacerte una experta en cualquier área requiere disciplina y REPETICIÓN.** Tu cerebro requiere construir nuevas conexiones neuronales hasta que lo sientas natural y ese proceso llevará un tiempo.

- ✓ Cuando alguien te dice que no puedes, habla de esa persona y de su propia experiencia y miedos, no de ti. Recuerda, **tú construyes la versión de vida** que quieres experimentar.

- ✓ **¿Quieres que te acompañe en dar un paso seguro hacia el cambio y los nuevos comienzos?** Revisa los detalles de mi curso online "Reiníciate" en **dorapancardo.com/cursos/reiniciate**.

UN CAFÉ CONTIGO

CONFLICTO NÚMERO DIEZ

PROPÓSITO DE VIDA

"SIENTO QUE NO TENGO PROPÓSITO EN LA VIDA. CUANDO ENCUENTRO ALGO QUE ME GUSTA, NO SÉ CÓMO PONERME EN ACCIÓN Y TOMAR DECISIONES".

1. Enlista todo aquello que te hace vibrar con la vida. No importa si hace tiempo no lo practicas o incluso, si es algo nuevo que deseas probar.

_____
_____
_____
_____
_____
_____
_____
_____

2. ¿Qué significa para ti "tener propósito en la vida" y cómo es tu situación actual para que consideres que no lo tienes?

_____
_____
_____
_____
_____
_____
_____

3. ¿Cuál es tu forma de ponerte en acción cuando algo te gusta o quieres alcanzar un objetivo? Marca la que más se acerca a ti de las siguientes opciones:

   A. *Estudio muchísimo, me preparo, leo, pero no doy el paso. Desconfío de mí y de mis conocimientos o experiencia.*
   B. *No me preparo mucho, generalmente doy el paso y las cosas no salen como yo esperaba. Me frustra esperar, voy rápido por la vida.*
   C. *Le doy tantas vueltas en mi mente que termino por agotarme y encontrar mil excusas para no ponerme en acción; al final, abandono para pasar a otra cosa que llama más mi atención y el ciclo se reinicia.*

4. De acuerdo a tu respuesta anterior, ¿Qué patrón (conducta repetitiva) observas que puedes modificar para poder avanzar en tus objetivos y toma de decisiones?

_____
_____
_____
_____
_____
_____

5. ¿Existe alguna situación en tu historia, donde la toma de decisiones o la búsqueda de tu propósito generó alguna consecuencia que consideras no fue buena para ti o los tuyos? Descríbela a detalle.

_____
_____
_____
_____
_____
_____
_____

6. ¿Qué significa para ti el concepto "fracaso"? ¿Lo interpretas como aprendizaje o te resulta devastador y difícil de procesar? Escribe tu respuesta con ejemplos y/o experiencias propias.

_____
_____
_____
_____
_____
_____
_____

7. ¿Qué persona en tu entorno te inspira o podría servirte como ejemplo de vivir con propósito? Si no existe, te animo a que la busques en tu entorno secundario o bien, alguien que te inspire incluso en redes sociales, con contenido que admiras o te es útil.

_____
_____
_____
_____

8. Enlista todos los logros que consideres has tenido en tu vida: desde los personales hasta los profesionales. No seas modesta, siempre hay algo que reconocerte y celebrarte.

_____
_____
_____
_____
_____
_____
_____

9. Piensa en un objetivo que te gustaría lograr y divídelo en partes ¿cuál sería el primer paso, qué seguiría, en cuánto tiempo y qué recursos necesitas para lograrlo?

_____
_____
_____
_____
_____
_____

10. ¿Cuándo podrías dar ese primer paso? Ponle fecha. Ese día que has designado es el primer día del resto de tu vida ¡Vas por todo!

_____
_____
_____

PARA REFLEXIONAR

- ✓ **El miedo al fracaso y la falta de confianza es algo que, me atrevo a decir, hemos sentido todos los seres humanos.** No estás sola en el camino. Aún las personas que aprecias como más seguras, han estado en incertidumbre.

- ✓ **Las personas, generalmente, somos MULTI APASIONADAS**, esto quiere decir que tenemos muchos intereses y eso puede paralizar a cualquiera, pues tal vez no sabes por dónde comenzar o a qué dar prioridad. Te reto a que escojas UN OBJETIVO y te dediques a éste los próximos tres meses como mínimo. Después de este tiempo, siendo constante, puedes evaluar si sigues o aquello no es para ti.

- ✓ Y si no eres multi-apasionada y, al contrario, sientes que NO TE GUSTA NADA, tampoco te juzgues tan duro. Comienza por la pregunta número uno y ahí quédate. **Explora, revisa qué mueve tu alma, escribe lo que sea necesario** y, cuando te sientas lista, toma una de esas cosas que escribiste y dale una oportunidad.

- ✓ Si necesitas inspiración y herramientas, hay miles de opciones. Una de ellas es mi podcast, que contiene más de **210 episodios llenos de poder** completamente gratuitos. Para escucharlo, ve a Spotify y busca **"Empodérate Mujer"** ¡dale PLAY!

- ✓ **Si en esta etapa de tu vida no estás en tu mejor momento, no quiere decir que sea definitivo.** Vas a moverte si así lo decides. ¿Qué tal comenzar mañana, sin pretextos? Si necesitas ayuda, ve a mi web en **dorapancardo.com** y platiquemos.

UN CAFÉ CONTIGO

4) Recursos

UN CAFÉ CONTIGO

PORQUE TODOS Y TODAS NECESITAMOS AYUDA

Por eso, si la requieres, aquí te dejo algunos recursos **GRATUITOS** a los que puedes acceder inmediatamente.

Todos ellos han sido diseñados por mí, para que tu experiencia tomándote este café contigo sea aún más poderosa, reflexiva y accionable.

- **PODCAST "EMPODÉRATE MUJER":** al momento, hay más de 210 episodios de puro poder e inspiración femenina. Encuéntralo por su nombre en **Spotify**.
- **RESPIRA:** te regalo tres meditaciones dirigidas a que seas tu mejor compañía, confíes en ti y celebres tu camino. Ve a **dorapancardo.com/page/respira** y descárgalas.
- **¿Quieres aprender a MANIFESTAR?** Tengo un **DECÁLOGO DE MANIFESTACIÓN** que te ayudará a saber si tus acciones son congruentes y están alineadas con eso que deseas. Descárgalo en **dorapancardo.com/page/decalogo**. Ahí mismo encontrarás también a un video donde te explico cómo usarlo.
- **¿Deseas una sesión de coaching o biodescodificación directamente conmigo?** Ve a mi web **dorapancardo.com** y da clic en el botón de **WhatsApp** que ahí encontrarás para ponernos en contacto.
- También te invito a seguirme en mis redes sociales. En todas me encuentras como **@dorapancardo**.

UN CAFÉ CONTIGO

ACERCA DE LA AUTORA

Dora Pancardo ha acompañado a las mujeres durante más de una década a hacerse las **preguntas importantes de su vida**, a dejar de identificarse con aquello que las detiene, a observarse a sí mismas y a ser las **creadoras** de su propio camino, desde el amor y la responsabilidad.

Dora es también **conferencista, coach personal y de equipos de trabajo**, así como especialista en biodescodificación y creadora de experiencias para las mujeres, como el retiro **"Mujeres de Conciencia y Luz"** y los **círculos de mujeres** presenciales que brinda en diferentes espacios, generalmente en Ciudad de México y/o con clientes privados.

Es creadora y productora del **podcast "Empodérate Mujer" en Spotify** y, a través de su web **dorapancardo.com**, acompaña también a mujeres de todo el mundo con **cursos y talleres online dedicados al empoderamiento femenino y el desarrollo del ser.**

Es mamá, emprendedora, apasionada del conocimiento de la mente humana y nunca te dirá que no para bailar una buena salsa, subir un cerro, comer tacos o cantar en el karaoke.

Made in the USA
Coppell, TX
15 March 2025